26 mars 1896

Lyon

CATALOGUE
D'ESTAMPES
AU BURIN
Lithographies et Eaux-Fortes
DU XIXᵉ SIÈCLE

ŒUVRE DE PRUD'HON
VIGNETTES DE L'ÉPOQUE ROMANTIQUE

QUELQUES DESSINS
PROVENANT
De la Collection de feu M. Auguste DUCOIN
DE LYON

DONT LA VENTE AUX ENCHÈRES PUBLIQUES AURA LIEU

HOTEL DES COMMISSAIRES-PRISEURS, RUE DROUOT, Nº 9
SALLE Nº 10
Le jeudi 26 mars 1896
A deux heures précises.

Mᵉ MAURICE DELESTRE	**M. JULES BOUILLON**
Commissaire-priseur	Marchand d'Estampes de la Bibliothèque nationale
27, RUE DROUOT, 27	RUE DES SAINTS-PÈRES, 3

CATALOGUE
D'ESTAMPES

AU BURIN
Lithographies et Eaux-Fortes
DU XIXᵉ SIÈCLE

ŒUVRE DE PRUD'HON
VIGNETTES DE L'ÉPOQUE ROMANTIQUE

QUELQUES DESSINS
PROVENANT
De la Collection de feu M. Auguste DUCOIN
DE LYON

DONT LA VENTE AUX ENCHÈRES PUBLIQUES AURA LIEU

HOTEL DES COMMISSAIRES-PRISEURS, RUE DROUOT, Nº 9
SALLE Nº 10
Le jeudi 26 mars 1896
A deux heures précises.

Par le ministère de Mᵉ **MAURICE DELESTRE**, Commissaire-Priseur,
Rue Drouot, 27,

Assisté de **M. JULES BOUILLON**, marchand d'estampes de la Bibliothèque nationale, rue des Saints-Pères, 3.

PARIS, 1896

CONDITIONS DE LA VENTE

La vente sera faite au comptant.

Les acquéreurs payeront *cinq pour cent* en sus des enchères, applicables aux frais.

M. Jules Bouillon, chargé de la direction de la vente, se réserve la faculté de rassembler ou de diviser les lots.

DESIGNATION

ESTAMPES

ACHARD (J.)

1 — Son œuvre, paysages gravés à l'eau-forte. Vingt-sept pièces, en épreuves de choix.

AFFICHES

2 — Affiches en couleur pour diverses publications de 1852, 1853 et 1854. Quatorze pièces.

ALLEMAND

3 — Paysages gravés à l'eau-forte. Quatre pièces. Belles épreuves.

AMBROSI (F.)

4 — Marie-Anne-Eliza, sœur de Napoléon-le-Grand, grande duchesse ayant le gouvernement général des départements de la Toscane, d'après Bosio. In-fol. en pied. Très belle épreuve. Rare.

ANONYME

5 — Lettre d'invitation composée à l'occasion de l'achèvement de la fontaine monumentale élevée à Chambéry, en l'honneur du général de Boigne. Lithographie très rare.

APPIAN

6 — Sac du Bourget, — Inondation à Venise, — Marines et Paysages. Six pièces gravées à l'eau-forte. Épreuves d'artiste, en partie sur chine.

AUBRY-LE-COMTE

7 — Triomphe de Vénus, d'après Girodet. Belle épreuve.

— 4 —

BAL, FELSING et MASSARD

8 — La Tentation, d'après Gallait, — Sainte Catherine portée par les anges, d'après Mücke, — L'Immaculée Conception, d'après Murillo, gravure et lithographie. Quatre pièces.

BENJAMIN

9 — Grand chemin de la postérité. Pièce lithographiée en forme de frise. Rare.

BERTHET (L.)

10 — *Rétif de la Bretone.* Deux portraits différents, in-8 et in-4. Très belles épreuves.

BLANCHARD et CARON

11 — Faust et Marguerite. (La séduction), — Faust apercevant Marguerite pour la première fois. Deux pièces d'après Scheffer. Belles épreuves.

BLOT (M.)

12 — Les Bergers d'Arcadie, d'après Poussin. Très belle épreuve avant la lettre, grande marge.

BOILLY (d'après L.)

13 — Marche incroyable, par Bonnefoy. Belle épreuve.

BOILLY et BUNBURY (d'après)

14 — La Pièce curieuse, — La Rencontre des Incroyables. Deux pièces gravées par Darcis et Ruotte. Très belles épreuves.

BOUCHER-DESNOYERS (Aug.)

15 — La Foi, — L'Espérance, — La Charité. Suite de trois pièces, d'après Raphaël. Très belles épreuves, toutes marges.

BOULANGER et SCHEFFER

16 — Deux scènes tirées d'Hamlet, — Allons. Trois pièces.

BRACQUEMOND et THÉROND

17 — *Champfleury*, d'après Courbet, — *Gautier* (Th.). Deux épreuves. Trois pièces.

BREBIETTE

18 — Triomphe des arts modernes ou Carnaval de Jupiter. Rare et première épreuve tirée avant les vers.

BREUGEL, COCK et autres

19 — Diableries et Sujets grotesques. Onze pièces. Très belles épreuves.

CALAMATTA (L.)

20 — *Lisa Gioconda*, d'après L. de Vinci. Belle épreuve sur chine.

21 — *Paganini*, d'après Ingres. Deux épreuves, dont une d'artiste, avant toutes lettres.

22 — *Sand* (George). In-8. Épreuve d'artiste sur chine.

CALAMATTA, CHAPLIN et GEOFFROY

23 — *La Cenci*, d'après Guido Reni, — *La Femme de Rubens et ses enfants*, d'après Rubens, — *Le Parnasse*, d'après Raphaël. Trois pièces. Belles épreuves.

CALAMATTA et MERCURY

24 — *Jane Gray*, d'après Paul Delaroche, — *Françoise de Rimini*, d'après Scheffer. Deux pièces. Épreuves sur chine.

CARICATURES

25 — Caricatures française et anglaise sur Napoléon, Barras, l'impératrice Joséphine et Mme Tallien. Vingt-cinq pièces coloriées. Rares.

— Portrait et caricatures sur Louis XVIII. Quatre pièces, dont deux coloriées.

CARICATURES

27 — Caricatures politiques publiées à Lyon en 1870 et 1871 contre Napoléon III, sa famille et son entourage, — Caricatures publiées à Munich à la même époque, — Caricatures politiques publiées par *l'Eclipse, le Sifflet, le Grelot*, etc., 1869-1872. Quarante-sept pièces, en noir et coloriées.

CAVALLI (D.)

28 — S. M. J. R. *Joséphine*, impératrice des Français, reine d'Italie, d'après Bosio. In-fol. en pied. Très belle épreuve. Rare.

CHARLET (N. T.)

29 — Le Premier coup de feu, — Le Second coup de feu, — Piété, Impiété, — Voilà pourtant comme je serai dimanche, — Honneur au courage malheureux. Cinq pièces. elles épreuves.

30 — Louis XVIII à la fenêtre du château des Tuileries, Sujets d'albums et pièces inédites. Cinquante-cinq pièces.

CHARLET (d'après N. T.)

31 — Portrait et vignettes pour illustration de Don Quichotte. Onze pièces en épreuves d'artiste, sur chine.

CHENAY (Paul)

32 — John Brown, d'après Victor Hugo, 1860. Belle épreuve.

CHIFFLARD, CHAMPOLLION et JACQUEMART

33 — Rêve, — Le Papillon, — Exécution au Japon. Trois pièces en épreuves d'artiste.

COPIA

34 — Marat, représenté en buste, mort, avec cette légende : « Ne pouvant me corrompre, ils m'ont assassiné ! » In-fol. Très belle épreuve, marge.

CRUIKSHANK (G.)

35 — Suite de quinze vignettes pour illustration de Don Quichotte. Epreuves sur chine.

DAUBIGNY

36 — Paysages gravés à l'eau-forte. Dix pièces publiées en deux cahiers, 1851. Épreuves sur chine, dans la couverture de publication.

DAUMIER (H.)

37 — Floueries modernes, — La Chasse, etc. Vingt-deux pièces.

38 — Mœurs conjugales, Proverbes et Maximes, Vulgarités, — Emotions parisiennes, — Les Beaux jours de la vie, — Robert Macaire, etc. Soixante-trois pièces.

39 — Robert Macaire. Soixante-onze planches coloriées.

DEBUCOURT (P. L.)

40 — Vues de villages avec hangars et chaumières, en hiver, L'Orage. Cinq pièces imprimées en couleur. Très belles épreuves.

41 — L'Ecole en désordre, d'après H. Richeter. Belle épreuve. Rare.

DECAMPS

42 — L'Anier, superbe et rare épreuve avant toutes lettres et avant le numéro, toute marge.

DESCLAUX (V.)

43 — Les Pêcheurs de l'Adriatique, d'après Léopold Robert. Deux épreuves, dont une avant toutes lettres, signée du graveur.

DEVERIA et ROQUEPLAN

44 — Illustrations pour les contes de Lafontaine et les œuvres de Walter-Scott. Vingt-cinq pièces in-4. Très belles épreuves. Les illustrations pour Walter-Scott sont dans la couverture de publication.

DEVOSGE (d'après A.)

45 — Sapho inspirée par l'Amour, gravé par Copia. Très belle épreuve avant la lettre, plus une épreuve avec la lettre. Deux pièces.

— 8 —

DIVERS

46 — Frontispices de livres in-fol. du XVIIe siècle. Onze pièces.

47 — Saint Georges combattant le Dragon, — Suzanne au bain, — Gravures sur bois, etc. Quinze pièces.

48 — Paysages gravés à l'eau-forte par Norblin, Achard, Blery, Geddés, Desavary, Hédouin et Lalanne. Neuf pièces en partie avant la lettre.

49 — Eaux-fortes d'après différents maîtres anciens et modernes, publiées en partie par Cadart. Dix-neuf pièces, avant et avec la lettre.

50 — Paysages gravés à l'eau-forte et lithographiés par et d'après Alès, Appian, Bernier, Blery, Brunet-Debaine, Cordouan, Corot, Bracquemond, Courtry, Daubigny, Lalanne, Rousseau, Toussaint, Greux, etc. Vingt-neuf pièces en grande partie avant la lettre.

51 — Lithographies et eaux-fortes tirées du journal l'*Artiste*. Huit pièces.

52 — Lithographies et gravures variées, d'après Millet, Delacroix, Robert Fleury, Chasseriau, Duveau, Decamps, Diaz, Lucas, Cesare da Cesto, Poussin, etc. Quatorze pièces.

53 — Vénus liant les ailes de l'Amour, — Thaïs ou la Belle pénitente, — Le Matin, — Raphaël, — La Fornarina, — Le Déjeuner flamand, — Portrait de la reine Hortense, — Sainte Cécile, etc. Douze pièces, d'après Mme Vigée-Lebrun, Greuze, Baudouin, Raphaël, Teniers, Berghem, Girodet, Henner.

54 — Le Joueur de mandoline, — Combat de coqs, — Les Romains de la décadence, — La Bacchante, — Paysage d'Orient, — Ecole turque, etc. Dix pièces d'après Meissonier, Gérôme, Couture, Pradier, Gleyre, Decamps. Très belles épreuves avant la lettre.

55 — Paysages et portraits publiés dans les Heapsekes anglais et français, vers 1840. Soixante-six pièces.

DIVERS

56 — Portraits et sujets variées d'après les maîtres anciens et modernes. Vingt pièces.

57 — Les Merveilles de l'art flamand par Arsène Houssaye, renfermant dix gravures d'après Teniers, Ruisdael, Berghem, etc. Une livraison grand in-4. Broché.

58 — Portraits-caricatures, frontispices de livres, costumes, etc. Vingt-sept pièces.

59 — Portraits, Paysages et Sujets divers, gravés à l'eau-forte par Mongin, Desbrosses, Daubigny, Gilbert, Greux, de Mare, Buhot, Jacquemart, Lalauze, etc. Dix-neuf pièces en partie avant la lettre, publiées par la *Gazette des beaux-arts.*

60 — Marines, — Vues d'Asie, de Suisse et de Belgique. Seize pièces, gravures et lithographies.

61 — De *Banville,* — *Baudelaire,* — *Berlioz,* — *Bernardin de saint Pierre,* — *Bouilhet,* — *Byron,* — *Chateaubriand,* — *Cuvier,* — *Delacroix,* — *Delille,* — *Denon,* — *Gautier,* — Granville, — Hoffman, — A. *Houssaye,* — J. *Janin,* — A. *Karr,* — *Lamartine,* — Cl. *Marot,* — *Molière,* — *Monpou,* — *Montesquieu,* — B. *Pascal,* — F. *Pyat,* — *Raffet,* — *Rousseau,* — *Sandeau,* — Stern, — *Van-Dyck,* — H. Vernet, etc. Soixante-douze portraits in-8 et in-4. Belles épreuves.

62 — Portraits de : *Donadieu,* — *Enfantin,* — *Lacordaire,* — *Lamartine,* — *Molière.* — H. *Monnier,* — Trimolet, etc. Seize portraits in-8 et in-fol. gravures et lithographies.

63 — Le duc de *Praslin,* — *Gavarni,* — Alfred de *Musset,* — Adelina Patti, — L. Perrin, etc. Cinq portraits in-4 et in-fol., par Lafosse, Gavarni, Morse et Fugeri. Très belles épreuves.

EARLOM (R.)

64 — Bacchanalians, d'après Rubens. Belle épreuve.

EARLOM (R.)

65 — Their most sacred Majesties George the 111ᵉ and Queen Charlotte, avec leurs enfants, d'après Zoffany, — Sorcière arrivant au sabbat, d'après Teniers. Deux pièces. Belles épreuves.

ÉCOLE HOLLANDAISE XVIIᵉ SIÈCLE

66 — Paysages variés gravés à l'eau-forte, par Both, Bout, Waterloo, Dietricy, etc. Vingt-cinq pièces.

ÉCOLES FRANÇAISE ET HOLLANDAISE
XVIIIᵉ SIÈCLE

67 — Paysages représentant les saisons et autres sujets. Quinze pièces.

ÉCOLE MODERNE

68 — Eaux-fortes par divers artistes d'après des peintres anciens et modernes, publiées dans la *Gazette des Beaux-Arts*. Dix-huit pièces, en partie avant la lettre.

FESSARD (Ét.)

69 — Feste flamande, d'après Rubens. Très belle épreuve. Marge.

FLAMENG (L.)

70 — Violon, — Le Liseur, — Fauconnier arabe, — Phryné devant le tribunal, — Miss Graham, — Mme G. Feydeau, etc. Neuf pièces d'après Fromentin, Gérôme, Gainsborough, Cabanel, Carolus Duran, etc. Très belles épreuves, dont six avant la lettre.

FLORIS (F.)

71 — Joseph et la femme de Putiphar. Petite pièce de forme ronde. Très belle épreuve.

FORSTER (F.)

72 — La maîtresse du Titien, d'après Titien. Belle épreuve.

GAILLARD (F.)

73 — Tête de cire du musée de Lille, d'après Raphaël. Épreuve d'artiste, sur chine.

GAUTIER-DAGOTY

74 — Bienfaisance de la Reine, grande pièce in-fol en manière noire. Très belle épreuve. Rare.

GHEYN (J. DE)

75 — Mascarades et figures grotesques. Sept pièces. Belles épreuves.

GIRARD

76 — Buste de jeune femme portant ce titre : Miladie XX, imprimée en bistre.

GODEFROY (J.)

77 — *Marie-Louise*, archiduchesse d'Autriche, Impératrice des Français. In-fol. en pied. Très belle épreuve avant la lettre.

GOYA (F.)

78 — Un Infante de España, d'après Velasquez. In-4. Très belle et ancienne épreuve. Marge.

79 — Un Nain assis, — Autre Nain feuilletant un livre. Deux pièces d'après Velasquez. Très belles et anciennes épreuves avec marges. La première est avant la lettre.

80 — Ménippe. — Esope. Deux pièces d'après Velasquez. Très belles et anciennes épreuves, marges.

81 — Bacchus couronnant des ivrognes, d'après Velasquez. Très belle et ancienne épreuve. Marge.

82 — Caprices. Dix-huit pièces de la suite. Superbes et anciennes épreuves, toutes marges.

83 — Les Malheurs de la guerre. Seize pièces. Superbes et anciennes épreuves, toutes marges.

GOYA (F.)

84 — Proverbes. Trois pièces, plus une double en épreuve de premier état d'eau-forte pure, avant le soldat qui se précipite dans le goufre, à gauche. Très belles et anciennes épreuves, toutes marges.

85 — Aveugle enlevé sur les cornes d'un taureau. Deux épreuves dont une avant la lettre, — La Vieille se balançant, — Maja sur fond blanc, — Le Prisonnier, — Fuite en Egypte, — Le Joueur de guitare, etc. Huit pièces, dont sept avant la lettre.

86 — Scène de l'Inquisition, — Buste de moine. Deux pièces. Très rares.

87 — Portrait de Goya, gravé par Loizelet et sept planches inédites de la Tauromachie, publiées par Loizelet. Belles épreuves.

88 — El fameso Americano Mariano Ceballos, — Picadore enlevé sur les cornes d'un taureau, — Dibersion de Espana, — La division de place. Suite des quatre grandes lithographies exécutées à Bordeaux. Superbes épreuves, dont deux avant toutes lettres, avec grandes marges. Rares.

GOYA (d'après)

89 — Scène espagnole, — Dom Quichotte, — La belle fille de Goya, etc. Neuf pièces dont plusieurs doubles en épreuves d'artiste, par J. Jacquemart, Bracquemond, Hirsch, Hédouin et Flameng. Très belles épreuves.

90 — Portraits de Goya gravés par J. Boilly et Lalauze, Goya sur son lit de mort, lithographie. Trois pièces.

GRANDVILLE (J. A.)

91 — Les Métamorphoses du jour, par I. Adolphe Grandville, 1829. Paris, Bulla. Très belle suite de soixante-douze pièces coloriées à toutes marges, dans la couverture de publication.

GRANDVILLE

92 — Le Dimanche d'un bon bourgeois, ou les tribulations de la petite propriété, par Isidore Granville. Suite de douze pièces coloriées, dans la couverture de publication.

93 — Museum Dantanorama lithographié par Grandville, Ramelet et Lepeudry. Douze sujets sur six feuilles, dans la couverture de publication.

94 — Caricatures politiques en noir et coloriées, publiées dans le journal *La Caricature* et *Le Charivari*. Vingt-trois pièces.

GRANVILLE et autres

95 — Planches tirées des journaux, *La Caricature*, *Le Charivari*, etc.

GREUZE (d'après J. B.)

96 — La Mère bien aimée, par Massard. Belle épreuve.

GROBON (J. M.)

97 — Paysages et vues des environs de Lyon. Quatre pièces ravées à l'eau-forte.

HENRIQUEL-DUPONT, LIGNON et FLAMENG

98 — *Pasta* (Mme), rôle d'Anna Bolena, — *Rachel*, d'après Lehmann, — *Mars* (Mlle), d'après Gérard. Quatre portraits in fol. Belles épreuves.

HUBER, LE MIRE, PALLIÈRE, etc.

99 — *Wille* (J.-G.). Epreuve avant la lettre, — *Montesquieu*, d'après Eisen, — *Chancel-Lagrange* (F.-J.), — *Montaigne* (Michel de). Deux épreuves, dont une avant la lettre. Cinq pièces in-8. Très belles épreuves.

JACQUE (Ch.)

100 — Vingt sujets composés et gravés à l'eau-forte par Ch. Jacque. A Paris, chez Picot. Dix-sept pièces de cette suite en épreuves avant la lettre sur chine, dans la couverture de publication.

JACQUE (Ch.)

101 — Paysages et sujets champêtres, portraits, etc., gravés à l'eau-forte. Quarante-quatre pièces en épreuves de premiers états.

102 — Paysages, croquis et pièces inédites à l'eau-forte et pointe sèche. Vingt-neuf pièces.

103 — Paysages et animaux, gravés à la pointe sèche. Neuf pièces en épreuves de premiers états. Rares.

104 — Vignettes et titres de livres. Dix-huit pièces. Épreuves tirées hors texte.

JACQUEMART (Jules)

105 — Portrait de J. Jacquemart, par Desboutins. — Bijoux antiques. Musée Campana, — Bijoux du XVIe siècle, — Miroir français du XVIe siècle, — Aiguière à grotesques d'Urbino, — Armes du XVIe siècle. Sept pièces, dont cinq en épreuves d'artiste, avant la lettre.

106 — Le Soldat et la Fillette qui rit, d'après Van der Meer, — Wilhem van Heythuysen, d'après Hals, — La Sorcière, d'après Hals. Trois pièces. Très belles épreuves avant la lettre.

JAZET, LASINO et VEYRASSAT

107 — Le Triomphe de la mort, d'après Orcagna, — Fléaux du XIXe siècle, d'après Vernet, — La Famille du menuisier, d'après Rembrandt. Trois pièces. Belles épreuves.

JEAN (à Paris, chez)

108 — *Marie-Louise*, impératrice des Français. In-8. Très belle épreuve, marge.

JEANRON

109 — Son œuvre, en vingt-cinq pièces, gravées à l'eau-forte. Très belles épreuves.

JOHANNOT (par et d'après A. et T.)

110 — Huit vignettes in-8 pour les Contes de Nodier. Épreuves d'artiste sur chine, tirées de format in-fol.

JOHANNOT (par et d'après A. et T.)

111 — Portrait et vignettes in-8 pour illustrer les œuvres de Lord Byron. Douze pièces. Epreuves d'artiste, sur chine.

112 — Trente-trois vignettes pour les œuvres de Walter Scott, d'après les tableaux de MM. Alfred et Tony Johannot, par divers graveurs. Paris, Furne, 1832. Dans la couverture de publication.

113 — Vingt-quatre vignettes pour les œuvres de Chateaubriand, d'après les dessins de MM. Alfred et Tony Johannot, par divers graveurs. Paris, Furne, 1832. Epreuves sur chine, dans la couverture de publication.

114 — Vignettes par et d'après A. et T. Johannet, pour illustrations et sujets publiés dans le journal l'*Artiste*.

115 — Vignettes gravées sur bois pour illustration de livres de l'époque romantique, d'après Alfred et Tony Johannot, par Perret, Thompson, Cherrier, etc. Cent deux pièces en grande partie sur chine.

JOHANNOT et ROUARGUE

116 — Trente-deux gravures in-8, — Vingt-sept fleurons de titres, et huit cartes d'Ecosse, pour les œuvres de Walter Scott, publiées par Furne. Très belles épreuves avant la la lettre, sur chine. Toutes marges.

JOURNAUX

117 — *Le Charivari*. Quelques numéros de 1835 à 1849.

LAGUILLERMIE (F.)

118 — Réddition de la ville de Bréda, d'après Vélasquez. Belle épreuve, toute marge.

LE BEAU et DELVAUX

119 — *Dorat*, en buste dans un médaillon soutenu par les Grâces et couronné par l'amour, d'après Queverdo. In-8, — Autre portrait de *Dorat*, d'après Denon. Deux pièces.

LEVACHEZ

120 — Bonaparte, premier consul. In-8. Très belle épreuve imprimée en couleur.

LOIZELET (E.)

121 — Suite de 10 titres de livres inventés par Babel, et gravés par Loizelet. Belles épreuves.

LORRAIN (Claude Gelée, dit Claude)

122 — L'Apparition (R. D., 2), — La Danse au bord de l'eau (6), — Le Dessinateur (2), — Le Pont de bois (14), — Le Départ pour les champs (16), — Le Temps, Apollon et les Saisons (20), — Le Campo-Vaccino (23), — Les Trois chèvres (26). Huit pièces. Belles épreuves.

MARVY (L.)

123 — Paysages. 30 pièces, en partie avant la lettre.

MASSON, MOUILLERON ET PIRODON

124 — L'invitation à l'amour, d'après Greuze, — La Tasse de chocolat, d'après Chaplin, — Auto-da-fé, d'après Rubens. Quatre pièces, lithographies et gravures. Belles épreuves.

MEISSONIER (d'après E.)

125 — L'Amateur de tableaux, gravé par V. Desclaux. Belle épreuve sur chêne.

126 — Les Joueurs de dés, gravure sur bois. Épreuve d'essai avant toutes lettres, sur chine.

127 — Le Liseur, par C. Nanteuil. Belle épreuve.

128 — Portrait d'Alexandre Dumas, gravé par Mongin. Épreuve d'artiste, sur Japon.

MEISSONIER (E.)

129 — Polichinelle, dirigé à gauche. Belle épreuve.

— 17 —

MERCURY (P.)

130 — Les Moissonneurs dans les marais pontins, d'après Léopold Robert. Très belle épreuve avant la lettre, sur chine; plus une épreuve avec la lettre. Deux pièces.

METZMACHER, RIFFAUT et SIROUY

131 — Lady Macbeth, d'après Delacroix, — Diane chasseresse, d'après Diaz, — Un Duel après le bal, d'après Gérome. Trois pièces, dont une avant la lettre.

NANTEUIL (Célestin)

132 — Eaux-fortes et lithographies pour illustration de : Le Monde dramatique, La Bédouine. Impressions de voyage, de Dumas, Venezzia la belle, — Les œuvres de Victor Hugo, — Bibliothèque romantique. Planches publiées dans le journal l'artiste, frontispices de romances, etc. 57 pièces.

133 — La Fontaine de Jouvence, d'après Boulenger, — Penserosa, — Frontispices de romances. Cinq pièces.

134 — Les Premières roses, — Les Roses d'Automne. Deux pièces d'après Chaplin. Belles épreuves.

NOEL (à Paris, chez)

135 — Folies de Carnaval. Belle épreuve.

ORLEY (Richard van)

136 — La Chute des anges rebelles, d'après Rubens. Belle épreuve.

PASSE (C. de)

137 — Les Sens, suite de cinq pièces et un titre. Très belles épreuves.

PASSE (Genre de)

138 — Les Quatre parties du monde, — Les Éléments, etc. Onze pièces. Belles épreuves.

POLLET

139 — Le Joueur de violon, d'après Raphaël. Épreuve d'artiste, avant toutes lettres.

PONTIUS (Paul)

140 — Le Roi de la fève, d'après Jordaens. Belle épreuve, marge.

PRUD'HON (P. P.)

141 — Prud'hon dans son atelier, gravé par Baudran. Epreuve avant la lettre, sur chine.

142 — L'Enlèvement d'Europe (Cat. de l'œuvre de Prud'hon, par M. de Goncourt, n° 3). Epreuve du premier état, à l'eau-forte pure, sans nom d'artiste.

143 — Amours de Phrosine et Mélidor (4). Superbe épreuve du troisième état, avant la lettre.

144 — Une Lecture (7), — L'Enfant au chien (8), — Une Famille malheureuse (9). Trois pièces, dont deux en épreuves de premier tirage.

PRUD'HON (d'après P. P.)

145 — Joséphine, impératrice des Français, gravé par Blanchard fils (13), — S. M. le Roi de Rome, gravé par Achille Lefèvre, in-fol. en largeur (16). Deux pièces.

146 — *Meyer* (Mlle). Deux portraits différents, par Flameng et E. Sirouy (22). Epreuves sur chine.

147 — Le Roi de Rome, gravé par B. Roger. In-4 (25). Très belle épreuve, marge.

148 — La Vengeance de Cérès, gravé par Copia (37). Très belle épreuve du premier état avant la lettre, marge.

149 — Enlèvement de Psyché, par Muller (43). Superbe épreuve avant la lettre, sur chine.

150 — L'Enlèvement de Psyché, par Aubry-Lecomte (43), — Le Zéphir, in-8, par Pitaux (44). Epreuve avant la lettre. Deux pièces sur chine.

151 — Une famille malheureuse, gravé par T. Caron. Epreuve avant la lettre,— Le Zéphire, par Laugier. Deux pièces Très belles épreuves, grandes marges.

PRUD'HON (d'après P. P.)

152 — Innocence et Amour, gravé par Villerey, — Le Paysage gravé à l'eau-forte par Pillement. Deux très rares épreuves, dont une à l'eau-forte et l'autre avant toutes lettres et avant les armes.

153 — Le Cruel rit des pleurs qu'il fait verser (57).—L'Amour réduit à la raison (58). Deux pièces faisant pendants, gravées par Copia. Très belles épreuves avant la lettre, avec les noms d'artistes à la pointe.

154 — L'Amour réduit à la raison, par Copia. Belle épreuve, sans marge.

155 — L'Amour séduit l'innocence, le plaisir l'entraîne, le repentir suit (59), — L'Innocence préfère l'Amour à la richesse. Deux pièces in-fol. faisant pendants, gravées par B. Roger, d'après Prud'hon et Mlle Meyer. Très belles épreuves avant la lettre, marges.

156 — L'Amour caresse avant de blesser, gravé par B. Roger (62). Très belle et rare épreuve avant la lettre, les noms d'artistes à la pointe. Toute marge.

157 — La Caresse, — L'Egratignure. Deux pièces lithographiées, par L. Boilly (62-63). Belles épreuves.

158 — Constitution française, gravé par Copia (67). Très belle épreuve avec les noms d'artistes à la pointe.

159 — La Liberté, par Copia (70). Très belle épreuve, marge.

160 — L'Egalité, — La Loi. Deux pièces faisant pendants, gravées par Copia (71). Très belles épreuves, marges.

161 — La Loi, par Copia. Très belle épreuve avant la lettre.

162 — La même composition, gravée sous la Restauration, sous le titre de : la France protégeant la jeunesse des coups du despote. On a donné au criminel la tête de Napoléon. Très rare.

163 — Le Triomphe de l'Empereur, par B. Roger (72). Très épreuve avant toutes lettres et avant le fond, marge.

PRUD'HON (d'après P. P.)

164 — La même estampe. Superbe épreuve avant toutes lettres, seulement les noms d'artistes tracés à la pointe, grande marge.

165 — La Justice et la Vengeance divine poursuivant le crime, par B. Roger, plus la même composition en lithographie. Deux pièces.

166 — La Raison parle et le plaisir entraîne (78), — La Vertu aux prises avec le vice (79). Deux pièces gravées par B. Roger. Très belles épreuves de premier tirage, avec les noms des artistes à la pointe, marges.

167 — Description de la toilette présentée à Sa Majesté le Roi de Rome. Suite de cinq pièces gravées par Cavelier et Pierron (108). Très belles épreuves dans la couverture de publication.

168 — Le Matin, le Midi, le Soir, la Nuit (90), — Les Petits fileurs (111), — Les Petits dévideurs (112), — La Justice (118). Sept pièces lithographies, par J. Boilly et Aubry-le-Comte. Très belles épreuves.

169 — Trois vignettes. gr. in-4, gravées par Roger, appartenant à l'édition [de Daphnis et Chloé, donnée par Didot, en l'an VII (121 à 123). Superbes épreuves avant la lettre, toutes marges. Plus six pièces in-4, d'après Gérard pour le même ouvrage, également en épreuves avant la lettre, à toutes marges.

170 — Daphnis et Chloé : (Le Bain), in-8, par Lecomte (123), — La même composition, gravée par G. de Montaut. In-4. Deux pièces. La première est avant la lettre.

171 — Daphnis et Chloé, in-8, gravé par Roger (126). Très rare épreuve du premier état, à l'eau-forte pure, avant toutes lettres.

172 — La même estampe. Très belle épreuve du deuxième état, avant la lettre, les noms d'artistes tracés à la pointe, toute marge.

PRUD'HON (d'après P. P.)

173 — Abrocome et Anzia, in-8, gravé par Roger (127). Très rare épreuve du premier état, à l'eau-forte pure, sur chine rosé, marge.

174 — La même estampe. Très belle épreuve du deuxième état, avant la lettre, avec les noms des artistes à la pointe, marge.

175 — Aminta, Sylvie et le Satyre, in-8, gravé par Roger (128). Très belle épreuve avant la lettre, marge.

176 — L'Enflammer, par Copia. In-4 (130). Très belle épreuve avant la lettre.

177 — Phrosine et Melidor, par B. Roger. In-8. Très belle épreuve avant toutes lettres, seulement les noms d'artistes à la pointe.

178 — Le Premier baiser de l'amour, — L'Héroïsme de la valeur, — Je ne me bats pas contre un insensé, — Ma Fille respecte les cheveux blancs de ton malheureux père, — Il applique sur sa main malade des baisers de feu (132 à 136). Suite de cinq pièces, gravées par Copia, pour l'édition de la Nouvelle Héloïse, publiée par Bossange, Masson et Besson. Très belles épreuves. Une est double. Six pièces.

179 — Stellina introduisant Edouard dans la Grotte de l'hospitalité, — Riamir, armé de sa masse, délivrant les prisonniers anglais, — Stellina prosternée aux pieds de l'idole de Cyprès, — Stellina surprise au sortir du bain, par Edouard (La Grotte), — Edouard comptant son or et séparant les monnaies (La soif de l'or). Suite de cinq pièces in-8, gravées par Roger et Godefroy, pour illustrer le roman du prince Lucien Bonaparte : *La Tribu indienne* superbes et très rares épreuves avant toutes lettres, trois ont les noms d'artistes gravés à la pointe.

180 — La Soif de l'or, gravé par E. Budischoirky, in-8. Deux épreuves, dont une avant toutes lettres.

— 22 —

PRUD'HON (d'après P. P.)

181 — Naufrage de Virginie, gravé par Roger. In-4 (142). — La même composition, par le même. In-8. Epreuve avant la lettre, — Apothéose de Racine, gravé par Leroux. In-8. Epreuve avant la lettre. — Le Christ portant sa croix et suivi des âmes malheureuses, gravé par Roger. Epreuve avant la lettre. Quatre pièces. Très belles épreuves.

182 — Directoire exécutif, gravé par Roger. Très belle épreuve.

183 — Préfecture de la Seine, gravé par B. Roger (149). Très belle épreuve avant la lettre. Marge.

184 — Département de la Seine-Inférieure, gravé par Roger (150). Très belle épreuve. Rare.

185 — Tête de lettre, représentant un génie couronné par la République (152), gravé par Roger. Très belle épreuve avant la lettre. Sur le socle on lit : République française.

186 — Adresse de Merlen, gravé par Roger (155). Très belle épreuve.

187 — Vénus et l'Amour (159), — Léda (160). Deux pièces de formes ovales, gravées par Roger. Très belles épreuves avant la lettre.

188 — Buste d'enfant, couronné de pampres, gravé au pointillé. Pièce rare, sans noms d'artistes, attribué à Prud'hon.

189 — Les Vendanges, — Le Triomphe de Vénus. Deux pièces lithographiées par Aubry-le-Comte et J. Boilly. Très belles épreuves.

190 — La Volupté, — L'Étude guide l'essor du génie, — Le Repentir, — Joseph et Putiphar, — Plafond du Louvre, — La Sagesse, — La Poésie, — La Volupté, — La Richesse, neuf pièces lithographiées par Aubry-le-Comte, J. Boilly, etc. Belles épreuves, dont deux avant la lettre.

191 — La Toilette, par Maurin. Belle épreuve.

PRUD'HON (d'après P.-P.)

192 — Le Sommeil, — Le Réveil, — L'Innocence. Trois pièces gravées par Flameng. Épreuves avant la lettre, sur chine.

193 — Le Réveil, — L'Innocence, — L'Innocence préfère l'amour à la richesse, — Portrait de Mlle Mayer, — En-têtes de lettres. Six pièces par Flameng, Lalauze, Delvaux et Cloquet. Deux sont avant la lettre.

QUEVERDO

194 — *Florian* (J. P. de). In-4. Très belle épreuve avant le nom du graveur. Rare.

RADOS (L.)

195 — Marie-Louise, archiduchesse d'Autriche, Impératrice des Français et Reine d'Italie, d'après Bosio. In-fol. en pied. Très belle épreuve.

RAFFET

196 — La Revue nocturne, (G. 429). Superbe épreuve de premier tirage.

197 — La même pièce. Très belle épreuve, de second tirage.

RAMBERT

198 — Le Mal, suite de dessins composés par Rambert. Huit pièces dans la couverture de publication.

199 — La Misère. Dessins et texte par Rambert, 1851. Huit planches et un titre, dans la couverture de publication.

REINHARD (J.)

200 — Collection de costumes suisses des douze cantons, peints par J. Reinhard de Lucerne et publiés par Bermann et Huber à Basle, 1819. Texte et 44 planches coloriées. In-4 en feuilles.

ROYBET (F.)

201 — Un fou sous Henri III. Épreuve avant la lettre.

SAINT-AUBIN (C. G. de)

202 — Les Papillons artificiers, — Offrande à l'amitié (R. D., 14 et 15) : Très belles épreuves. Rares.

SCHIAVONETTI (L.)

203 — The separation of Louis the Sixteenth from his family, d'après Benazeck. Très belle épreuve, grande marge.

SEYMOUR-HADEN

204 — Bords de la Tamise. Epreuve d'artiste, sur chine volant.

SOCIÉTÉ FRANÇAISE DE GRAVURE
(Publication de la)

05 — Cinquante-six estampes gravées au burin par divers graveurs, de 1868 à 1888. Très belles épreuves, sur chine.

SOLIS (V.)

206 — Six pièces des mois de l'année. Belles épreuves.

STRANGE (R.)

207 — *Charles Ier*, roi d'Angleterre, debout près de son cheval que tient un écuyer, d'après Van Dyck. Superbe épreuve, grande marge.

TRAVIÈS

208 — Histoire de Monsieur Mayeux, 69 pièces coloriées, à toutes marges.

209 — Caricatures sur M. Mayeux et Robert-Macaire. 23 pièces en noir et coloriées.

TRAVIÈS et BENJMIN

210 — Portrait charge de Traviès et caricatures politiques diverses, 14 pièces.

VELDE (J. van)

211 — Les Éléments, suite de quatre pièces en largeur. Belles épreuves, marges.

VÉRITÉ et CAZENAVE

212 — Journée du 20 juin 1792 au château des Tuileries, — Dévouement de Mme Élizabeth, — La Séparation de Louis XVI d'avec sa famille, — La Séparation de Marie-Antoinette d'Autriche, d'avec sa famille, — Louis XVI avec son confesseur Edgeworth, un instant avant sa mort, — Jugement de Marie-Antoinette au tribunal révolutionnaire. Six pièces d'après Bouillon, plus une double. Sept pièces.

VIGNETTES

213 — **Anonyme**, vignettes in-8 avec bordures, pour illustrations de fables. 36 pièces en épreuves à toutes marges.

214 — **Divers**. Vignettes d'après Marillier, Gravelot, Moreau, Monet, etc., pour illustration de livres du xviii° siècle. Costumes, etc. 32 pièces.

215 — Vignettes d'après Rouargue, Rogier, Raffet, Johannot, Deveria, Staal, pour illustration des œuvres de Victor Hugo et Chateaubriand. 24 pièces.

216 — Illustrations gravées sur cuivre, pour des publications de l'époque romantique, par Albert, Chalon, Corbould, Lemud, Flandrin, Johannot, etc. 90 pièces.

217 — Illustrations gravées sur bois, pour ouvrages de l'époque romantique par divers artistes. 126 pièces en partie sur chine.

218 — Vignettes-frontispices par Rops, Flameng, Porret, Fugère, Duveau, pour divers ouvrages du xix° siècle. 18 pièces. Très belles épreuves.

WATTIER (Émile)

219 — Souper chez Barras. Très belle épreuve. Rare.

WALTNER et LALAUZE

220 — Les trois Mages, d'après Rubens, — Prise d'une ville, d'après Wouvermans, — Fête flamande, d'après Téniers. Quatre pièces.

WESTALL (d'après R.)

221 — Suite de 22 vignettes in-8, gravées par Heath, Romney, Finden, Waren et Englehearth, pour illustrer les œuvres de Lord Byron. Très belles épreuves sur chine tirées de format grand in-8.

DESSINS

DEVERIA (A.)

222 — Femme nue debout près d'un vieillard appuyé sur un lit. Beau dessin aux crayons noir et blanc, sur papier teinté. Signé et daté, 1850.

Beau dessin aux crayons noir et blanc, sur papier teinté. Signé et daté 1850.

DIVERS

223 — Sous ce numéro, il sera vendu quelques dessins à la plume et au lavis, anciens et modernes.

GRANDVILLE (J. A.)

224 — Etudes d'animaux sur une même feuille. —
A la plume et lavis.

225 — La Promenade.
A la plume et lavis d'aquarelle.

226 — En visite.
A la plume et lavis d'aquarelle.

227 — La Discussion.
Au lavis de sépia.

228 — Plantes animées. — Les Cartes, — La Danse.
Trois dessins à la plume.

229 — Buste et profil d'anglais.
A la plume, colorié.

230 — L'Araignée funambule, — L'homme volant dans un moulin à vent, — L'homme volant, — La chute d'Icare, — L'armée des Concombres, — Les instruments de toilette, — La Promenade d'une comète à travers les espaces, — Le Baiser de l'Eclipse, — L'employé du gaz allume le soleil, — La Gloire en raccourci, — Voltaire et

GRANDVILLE (J. A.)

Frédéric, — La Lettre portée par un ressort en spirale, — L'homme transporté sur la montagne par un ressort en X ajoutées.

Treize dessins à la plume, pour: Un autre monde.

231 — Le Moineau bébé se frottant les yeux au matin, — L'Armée des asperges, des poireaux et des radis, — Groupe d'animaux à têtes d'animaux d'autre espèce, — Le Lézard contemplateur au soleil couchant, — Le Perroquet à la tribune, — Le Scarabée déployant son journal, — Le Loup et le Renard, — Le Lion malade, — Le Renard et les raisins, — La Grenouille, — Le Lézard fashionable fumant son cigare, etc.

Dix-sept dessins à la plume ou au lavis, pour les scènes de la vie des animaux.

232 — Le Bal d'insectes, — Mauvaise rencontre.

Deux dessins à la plume et au crayon.

MOLYN (P. de)

233 — Paysage avec figures sur le devant.

Au crayon et lavis.

Imprimerie D. Dumoulin et Cᵉ, à Paris.

PARIS

IMPRIMERIE D. DUMOULIN ET Cie

5, RUE DES GRANDS-AUGUSTINS, 5

www.ingramcontent.com/pod-product-compliance
Lightning Source LLC
Chambersburg PA
CBHW060554050426
42451CB00011B/1905